AF317952

PREMIÈRES

RÉVÉLATIONS

A L'OCCASION

DES ABUS ET DES FRAUDES

QUE COMMETTENT

LES ENTREPRENEURS DE BATIMENTS,

Par **LEREIDORE**,

OUVRIER COUVREUR.

PARIS.

IMPRIMERIE DE E. MARC-AUREL, RUE RICHER, 12.

1840.

Le mouvement social de notre époque a des tendances si contraires, qu'il serait difficile de le définir, soit en voulant le placer au centre d'un principe d'unité, soit en cherchant à mettre en équilibre les deux forces qui agissent si puissamment sur notre société.

Ces deux forces, sont la force morale et la force matérielle : les socialistes, — les penseurs, — les écrivains, sont les organes, persévérants, de la force morale; et, au péril même de la non-réussite, que cela tourne à leur honneur. — Les hommes de la vie pratique, ij .

de la vie positive, tous ceux qui gouvernent leur conduite avec le sentiment du bien-être individuel, du confortable, de la richesse ; tous ceux qui se disent qu'en osant davantage, qu'en *courant à fond de train* on arrive plus vîte à l'état d'opulence ; et qui osent tout ; et qui s'élancent à travers les principes, les convenances, la raison, l'honneur ; foulant aux pieds les uns, froissant les autres ; — ceux-là, sont les actifs instruments de la force matérielle ! et, — à cause même de leur réussite, — que cela tourne à leur éternelle honte !

Enumérer, analyser tout ce que produit de funeste l'action des agents de la force matérielle, ce serait faire l'histoire la plus douloureuse, la plus décourageante que jamais aient pu offrir les annales d'aucun peuple civilisé ! Représenter avec les couleurs qui leur sont propres la prostitution audacieuse des idées de probité les plus vulgaires ; l'énervement du caractère national ; le manque de confiance, de foi , de sympathie , qui déconsidère notre nation , vis-à-vis d'elle-même , ce serait se rendre coupable de *vérité au premier chef*, contre tous les hommes qui étalent leur prospérité audacieuse, au milieu de notre civilisation avilie; ce serait traîner à la barre de l'opinion , — sans espoir de *s'y porter* utilement *partie civile*, — tous les hommes qui jouent un grand rôle dans le monde, — tous ceux qui s'écrient, insolemment, dans leurs fêtes, dans leurs banquets, que la vie est douce, et le ciel toujours beau !

Et cette tâche *d'exécuteur de haute justice morale*, serait trop pénible! — Elle serait impossible : ce qui souvent sauve le crime et le vice du châtiment, c'est l'importance et le trop grand nombre des coupables !

Aussi, trouvera-t-on, presque autant d'utilité, et beaucoup plus de consolation à n'arrêter son esprit d'examen et d'analyse que sur les forces morales du pays : de ce côté, une fournaise alimentée par des idées progressives, incessantes, tellement vivaces et multiples que l'on éprouverait de l'effroi à songer à ce que ne peut manquer de produire un jour contre la force matérielle, abusive, l'électricité des forces intellectuelles et morales, combinées !

Pour qui contemple d'un observatoire, bien élevé, la condition sociale, actuelle, de la France; et d'un regard ferme et profond sonde les *cavités* de notre organisation *accidentelle*, les *impénétrabilités* indiquées par le mystère qui est l'essence de l'avenir, il y a, vraiment, une douce espérance à concevoir, en examinant tous les éléments qui concourent au travail, à la mise en fermentation de la fournaise des idées, des améliorations sociales.

Ce ne sont pas seulement des hommes voués par les devoirs de leur origine, par les conditions de leur éducation, de leur instruction, qui, cyclopes obstinés et courageux, se brûlent le sang aux feux du *fourneau civilisateur* ; tel est l'impérieux besoin des améliorations, au milieu des abus vraiment insensés de la dégradation sociale, qu'au-dessous des zônes supérieures, s'élèvent d'en bas, de bonnes et généreuses natures, qu'un état sain et normal aurait laissées impuissantes et inattentives, et qui viennent, hardis travailleurs, engager leur destinée précaire, dans la lutte civilisatrice.

On a beaucoup vanté les *poètes-ouvriers* ; certes, il faut reconnaître et adopter tous les enfants de la terre qu'a privilégiés la bonté de la Providence ; il est d'équité de convenir que la mission de porter la parole et l'idée, harmonieusement, cela n'est exclusivement dévolu par Dieu à aucune caste exceptionnelle ; mais au point de vue de l'utilité pratique, il ne paraîtra pas douteux qu'aux *poètes-ouvriers*, devront être préférès les ouvriers socialement utiles.

La manifestation de ceux-ci, sur quelque point qu'elle s'exerce, concourt à l'œuvre de redressement et de moralisation. Une action courageuse et utile vaut mieux qu'un beau vers !

Voici un jeune homme, *ouvrier-couvreur*, qui, depuis l'âge de douze ans, expose chaque jour sa vie dans une profession, où, habituellement, la mutilation est le moindre des malheurs ; qui, résigné à la perpétuelle mise en péril de son existence, aurait pu, sous l'empire de cette préoccupation meurtrière, ne songer qu'à la spéculation ININTELLECTUELLE promise à sa condition ; mais ce grand bruit qui se fait sur les fraudes, les vénalités, les impostures ; les révoltants abus qui déshonorent son époque, a développé dans son esprit l'énergie intellectuelle ; et, *couvreur*, il veut dire qu'elle est la part des *maîtres*, de sa profession, dans la dégradation de la probité nationale.

Bien volontiers, nous avons , malgré les habitudes de notre esprit, prêté notre aide à cet effort d'un jeune homme qui comprend la pensée moralisatrice, dans les sphères même où il n'avait point pénétré.

A l'audace des entrepreneurs couvreurs , à leurs fraudes, à leur déloyauté, s'adresse le travail de ce jeune ouvrier : par ses révélations, il aura rendu un immense service aux propriétaires, aux architectes...

Nous, nous avons moins pris en considération ces résultats spéciaux , que l'occasion d'introduire dans le corps des *travailleurs en moralité* une bonne nature d'homme et d'ouvrier.

Aussi, en patronnant de ces quelques lignes les pages de M. Lereidore, qui ne sont que le préambule, l'avant-propos d'un travail beaucoup

plus complet, sur tout ce qui concerne les travaux d'architecture et de construction, avons-
nous été soutenu par la certitude de concourir à
une action utile et bonne.

Un Ancien Magistrat.

Paris, 8 mai 1846.

RÉVÉLATIONS

A l'occasion des **abus** et des **fraudes** de certains Entrepreneurs de batiments.

PAR

LEBEIDORE (ouvrier couvreur).

Ce travail est dédié aux Propriétaires et Architectes du département de la Seine.

———

Un projet de loi tendant à réprimer les abus et les fraudes qui se commettent dans le commerce des vins et eau-de-vies, vient d'être adopté par les Chambres, des pairs, et des députés ; ce projet a été présenté par MM. Mauguin, Lasalle et Tesnière, appuyé par M. Lherbette : ce dernier disait à propos de fraude, « il faut tenter de réprimer les abus dans l'intérêt de la morale et du commerce honnête ; il le faut dans l'intérêt du développement de notre commerce en général ; car ces habitudes

de fraudes s'étendent à tout notre commerce,
et déconsidèrent sur nos marchers étrangers
nos produits qui se placent avec peine, à raison
de la méfiance qu'ils inspirent. Nos pères di-
saient que la bonne foi était l'âme du commerce ;
ne pourrait-on pas aussi dire aujourd'hui qu'il
est souvent un corps sans âme. »

Jamais peut-être on ne pourra arriver au ré-
sultat qu'on se propose, les fraudes qui se commettent journellement dans le commerce sont
trop considérables, s'étendent à trop de choses,
pour qu'on puisse arriver au but désiré, car
lorsque tel ou tel industriel aura usé jusqu'à
la lassitude de tel ou tel expédient, il aura
recours à quelqu'autre qui sera équivalent !
quant à moi, je travaillerai de tout mon pou-
voir à dénoncer à la vindicte publique, tous
les abus qui arriveront à ma connaissance ;
j'indiquerai en même temps les moyens de les
prévenir. Depuis longtemps mes intentions
bien arrêtées étaient de publier une brochure
à ce sujet, il me manquait quelques rensei-

gnements qu'il m'importait de me procurer
avant la publication de ce travail préalable :
il précèdera de vingt jours la mise en publicité,
d'abord, des *Mystères de la toîture*, qui sera
tirée à 6,000 exemplaires, format in-8°, et
distribuée à toutes les personnes intéressées à
connaître des abus que je dévoilerai dans toute
leur étendue. J'agis dans un but d'intérêt général,
sans arrière pensée , avec le calme et le
courage d'une conviction sérieuse. Dans cette
première brochure, je me bornerai à résumer
séparément chaque point de la question de la
toiture. Dans mon prochain ouvrage, je trai-
terai dans toute leur étendue des faits les plus
minutieux ; j'indiquerai les moyens les plus
infaillibles pour arriver à découvrir telle nature
d'abus que ce soit.

Les fraudes sont toujours proportionnées à
la quantité de travaux éxécutés ; je me bornerai
à en mentionner la valeur depuis dix francs
et au-dessus ; j'abandonnerai le chiffre infé-
rieur, quoique se produisant avec une fré-

quence inouie ! Le prochain ouvrage renfermera de précieux renseignements pour l'instruction complète des propriétaires Quant à la valeur de la fraude en général, elle diffère suivant la nature des travaux, néanmoins d'après un mur examen, je puis l'évaluer par chaque maison, depuis le minimum de dix francs, jusqu'au maximum de mille cinq cents francs ; ce dernier chiffre est au-dessous de la vérité pour quelques travaux spéciaux que je ferai connaître.

Les travaux à la journée ont le désagrément, pour l'entrepreneur, de ne lui procurer aucun bénéfice, mais bien quelquefois une perte assez sensible. Le prix de la journée, payée à l'entrepreneur, est cotée au-dessous de celle payée par ce dernier à l'ouvrier et aide, bien que quelquefois, mais rarement, il soit accordé à l'entrepreneur une indemnité pour les échaffaudages ; cette somme réunie au prix de la journée sera toujours insuffisante pour couvrir les frais d'éventualités, qui résultent du

transport des matériaux, démarches des entrepreneurs, de leurs employés, frais de bureaux,
visites aux ouvriers. Il reste en perspective
à l'entrepreneur un moyen de fraude presque
toujours employé avec succès, mais applicable seulement dans des circonstances déter-
minées ; ce moyen consiste à compter aux
propriétaires un tiers au moins de matériaux
en plus de la quantité fournie, et cela à titre
d'*indemnité*. Néanmoins, dans quelques maisons, que j'indiquerai au besoin, on a l'habitude,
lors de l'entrée des matériaux, d'en vérifier la
quantité; cette précaution n'est applicable
qu'aux réparations de moindre importance.
Dans les grands travaux de remaniement, elle
est inutile et impossible puisque tout se fait
au toisé : ce n'est que dans cet espoir que les
entrepreneurs consentent à faire exécuter des
travaux à la journée, surtout dans les maisons
où ils sont habituellement surveillés. Lorsqu'un
comble, en état de vétusté apparente, présente
à l'entrepreneur des avantages par lui appré-
ciables, il ne manque pas d'alléguer que le

bâtiment ne peut plus souffrir de réparations ,
et il signale , à l'appui de son opinion , les
infiltrations qui s'y manifestent, et contre les-
quelles , dit-il, les réparations seraient insuf-
fisantes.

Je mentionnerai tout l'intérêt que trouve
l'entrepreneur dans des travaux de remaniement ;
je dirai aussi que des combles pouvant être
réparés sans de grands frais , et présentant ,
comme je l'ai déjà observé, de grands avantages,
on ne manque pas de disposer au besoin les
parties les plus apparentes, de les *fichonner* :
c'est à dire de les placer de façon à ce qu'elles
puissent paraître vieilles. L'architecte appelé
pour expertiser les travaux à exécuter constate,
suivant ce qu'il a vu, le mauvais état de la toiture
en général; lorsqu'il arrive qu'une ou plusieurs
fuites se manifestent, l'ouvrier est envoyé pour
la réparation : on a soin de la noter à l'avance ,
afin que s'il se trouvait quelques trous autres
que ceux désignés par les fuites on ne les réparât
point.

L'entretien se fait à l'année, avec ou sans bail, suivant l'accord des parties ; il varie de prix suivant un état de lieux constaté par experts, nommés à cet effet, qui sont ordinairement un architecte et l'entrepreneur ou quelqu'un qui le représente ; ce dernier est tenu de maintenir, dans l'état où il le prend, l'entretien qui lui est confié ; car lorsqu'un entrepreneur prend à sa charge un entretien quelconque, cet entretien lui est toujours donné après qu'il a fait lui-même une réparation toute spéciale. Il est soumis à l'inspection de l'architecte toutes les fois que ce dernier le juge à propos ; cette inspection peut aussi avoir lieu à la réquisition du propriétaire ; mais lorsque les combles présentent quelques difficultés, MM. les architectes savent se dispenser de compromettre leur sûreté personnelle, en se contentant de sortir la tête par les lucarnes ; inspection toujours dérisoire, surtout pour l'ardoise qui nécessite d'être palpée. Par cette confiance et cet abandon qu'arrive-t-il,

2

qu'un comble en très-bon état d'abord, devient,
en peu d'années, difficile si ce n'est impossible à
réparer sans le secours du remaniement, tristes
résultats des entretiens négligés. J'en sais quatre-
vingt-dix sur cent qui seraient au besoin des
preuves incontestables de ce que j'avance. Il
arrive souvent lorsqu'un **entrepreneur** prend à
bail telle ou telle maison qu'il s'oblige à faire,
moyennant une somme qu'il lui est allouée, une
quantité de travaux neufs proportionnée à la
valeur de l'entretien qui lui est confié, il ne peut
dépasser cette quantité sans y être suffisamment
autorisé. Du reste, il lui est loisible de choisir
sur toute la surface des combles les parties qu'il
jugera lui-même convenables de remettre à neuf.
J'indiquerai, dans mon prochain ouvrage, com-
bien il est dangereux de ne pas faire désigner,
par un homme spécial autre que l'entrepreneur,
les parties qui nécessitent d'être ou remaniées
ou remises à neuf; par cette sage précaution on
s'éviterait un système ruineux qu'emploient les
entrepreneurs en désignant eux-mêmes des parties qui sont loin d'être en mauvais état; les

matériaux, presque neufs, provenant de ces mêmes parties, servant pour l'entretien des autres combles, toujours au détriment des propriétaires. Cependant il n'est nulle règle sans exception, dans le grand nombre des entrepreneurs il en est qui se distinguent de leurs confrères par les soins qu'ils apportent dans leurs entretiens.

—

S'il arrivait qu'un abus se trouvât découvert accidentellement, l'entrepreneur ne manquerait pas, au besoin, d'en jeter toute la responsabilité sur l'ouvrier qui présiderait ou aurait présidé à l'exécution des travaux.

—

Les personnes chargées de constater la quantité de matériaux à employer dans chaque maison lors de leur rentrée ne s'acquittent jamais de ce devoir aussi rigoureusement qu'ils le devraient, ou plutôt il en est peu qui s'en acquittent réellement, soit négligence ou dans la crainte de paraître suspecter la bonne foi des entrepreneurs, qui ne négligent rien pour tâcher de capter la confiance des personnes qui pourraient avoir quelques droits de surveillance sur l'entrée de ces mêmes matériaux.

Dans mon prochain ouvrage je ferai aussi connaître un nombre considérable de maisons particulières où le système d'abus est pratiqué par la négligence des concierges, où celle même des propriétaires.

—

Pourquoi un entrepreneur refuse quelquefois des travaux neufs lors même qui lui en est offert ? S'il les accepte, comme il y est forcé quelquefois, cette offre étant émanée d'un architecte ou d'un propriétaire pour lequel il a l'habitude de travailler, dans ce cas, il fera tout son possible près de l'architecte pour faire disposer la charpente de manière à ce qu'il y entre une partie de zinc, par ce moyen il pourra compter sur quelques bénéfices, en y introduisant son système d'abus relativement, aux travaux d'ardoises ou tuiles neuves spécialement, le prix modique qui est alloué est fort insuffisant. Il est à noter qu'il existe une grande différence entre des travaux neufs et des travaux de remaniement; dans les premiers, sans le système d'abus, il n'y a que de la perte ; dans les seconds, avec le système d'abus, il n'y a que du bénéfice , pourtant s'il entrait dans la confection des travaux neufs une part plus ou moins considérable d'ardoises ou tuiles vieilles, on ne manquerait pas d'utiliser encore le système d'abus. Cependant dans les travaux neufs, en général, il est peu introduit de fraude ; puis les avantages ne seraient jamais considérables.

———

Il existe mille et une manière usitées jusqu'à ce jour, toutes plus tristement ingénieuses les unes que les autres, pour arriver à frauder le zinc.

———

En ce qui concerne la tuile et l'énorme abus

qui s'y rattache, cet abus est toujours caché ou
voilé par un obstacle quelconque ; par ce moyen
il échappe toujours à l'œil le mieux exercé :
aucun architecte ne peut arriver à en constater
le plus petit vestige, cela n'est permis qu'à
l'ouvrier apte à ce métier de découvrir, d'une
manière certaine, la fraude la mieux dissimulée,
dans les endroits les plus inaccessibles ; cela
s'explique parce qu'il sait lui-même où se place
cette fraude, et qu'il possède tout à la fois
agilité et habitude ; aussi, malgré le danger,
il parvient toujours à se frayer un passage,
avantage réel sur le plus grand nombre des
architectes. Fusse le meilleur vérificateur, il
n'ira jamais s'exposer à un danger éminent pour
le beau plaisir de satisfaire à un devoir qui
n'est pas obligatoire ; il se contentera de regar-
der de loin, se croyant sûr de ce qu'il a vu.
Puis, d'ailleurs, MM. les architectes, fussent-ils
les meilleurs grimpeurs du monde, n'entendent
rien dans l'art de découvrir les abus, ils n'en
ont pas la moindre idée. Lorsqu'un comble

nécessite d'être remanié, la tuile présente alors un déchet plus ou moins considérable; ce déchet doit être comblé par une quantité de tuiles neuves que doit fournir l'entrepreneur. Dans mon prochain travail, je demanderai à MM. les entrepreneurs pourquoi ils placent de préférence la tuile neuve dans les plâtres et à toutes les *rives* que présente la surface des combles, plutôt que la tuile vieille elle-même, qui devrait subir tout le déchet de la coupe et tenir la place que la tuile neuve occupe. MM. les entrepreneurs ne manqueront pas de répondre logiquement, que les rives sont les endroits les plus dangereux à cause des infiltrations, et qu'il est urgent de placer dans ces mêmes rives plutôt de la tuile neuve que de la tuile vieille, parce que la première possède une qualité de supériorité incontestable, puisqu'elle est neuve, tandis que la seconde est usée de vétusté. Moi, à mon tour, je leur expliquerai quelque chose qui ne sera pas moins logique, mais plus vrai; je dirai tout l'intérêt que trouve l'entrepreneur dans une telle distribution de matériaux; je dirai aussi que les abus qui concernent la tuile s'étendent partout et à tout ce genre de travail, même dans une journée faite isolément, et nombre d'autres faits que je citerai dans mon prochain ouvrage.

L'ardoise offre aussi des moyens de fraude, je n'oserais pas affirmer qu'ils ne sont pas aussi considérables que ceux des autres matériaux, mais ils sont beaucoup plus difficiles à constater, en ce que l'ardoise possède toujours, même en état de vétusté, une teinte presque égale. Néanmoins, en possédant toutes les connaissances possibles dans les habitudes de sa distribution sur le chantier de travail, on peut arriver à découvrir d'une manière certaine la fraude la mieux cachée; bien que l'extrême fragilité de l'ardoise exige une foule de précautions, qu'on n'a pas besoin d'apporter pour les autres matériaux; et que sa fixité qui consiste à être clouée empêche de l'extraire autrement qu'à l'aide d'instruments qui ne sont familiers qu'à l'ouvrier couvreur, encore l'extraction de l'ardoise ne pourrait-elle avoir lieu qu'à la réquisition de preuves matérielles ; malgré toutes ces précautions, dis-je, je puis vaincre toute espèce de difficultés. Les connaissances que j'ai acquises par dix-sept années passées dans ce métier me mettent à même de rendre un grand service à la société.

—

Le prix de chaque journée d'ouvrier et aide payé par le propriétaire à l'entrepreneur, comparé au le prix payé par ce dernier à l'ouvrier et aide, m'amène à établir d'une manière incontestable, qu'il est impossible à l'entrepreneur de faire honneur à ses affaires s'il n'a recours aux moyens que je signale à la vindicte publique.

—

Pourquoi sous la saillie des rives, dite égouts des combles, on emploie de la peinture, on semble par là vouloir cacher une teinte par une autre teinte, ce qui n'est pas une mauvaise spéculation ; quant à la solidité que cela procure ,

je n'en vois pas , il n'en existe réellement
aucune. Bien que la peinture coûte quelque
chose à l'entrepreneur, il n'hésite pas à faire
le sacrifice d'une petite somme d'argent, dans
la pensée que cette somme lui rapportera le
triple de sa dépense.

Lorsque dans un remaniement d'ardoise la
volige vieille n'a pas atteint un dégré de vétusté
trop prononcé, on fait en sorte quelquefois de
profiter de cette occasion pour la laisser intacte
et rattacher, dessus l'ardoise qui devrait reposer
sur de la volige neuve. MM. les propriétaires
n'en paient pas moins le toisé mentionné du
neuf, là où il n'y a que du vieux, appartenant
au propriétaire. Je dois observer que cette
sorte d'abus se trouve cachée à l'œil : on choisit
pour cela les lambrissages, car dans les endroits
apparents il n'existe réellement que de la volige
neuve.

Il est à noter qu'après un délai de quinze mois, il est impossible de constater aucune espèce de fraude ; au bout de ce temps, la teinte que toutes les saisons ont imprimée, et qui transforment le neuf en vieux, peuvent empêcher l'œil le mieux exercé de constater la moindre fraude. Presque tous les entrepreneurs craignent les délations. La latitude que la plupart accordent pour le paiement des mémoires, justifie ce que j'avance ; elle sert à augmenter leur crédit ; mais, en réalité, cette lattitude n'est accordée que dans un but d'intérêt particulier. Ils craignent et ont raison de craindre, que quelques abus ou fraudes ne se trouvent découverts, et qu'il faille en restituant la différence, subir la honte d'une telle restitution. Voilà ce qui empêche les entrepreneurs de réclamer plus tôt le montant de leurs mémoires.

—

Dans les réparations des plâtres, il y est, comme ailleurs, introduit un système d'abus,

qui est extrêmement difficile de constater ; néanmoins, j'ai trouvé un moyen de découvrir, et
de prévenir en même temps, le retour de pareils
abus. Un entrepreneur disait un jour, qu'avec
vingt centimes de plâtre, un ouvrier pouvait,
dans un espace de huit minutes , produire une
somme de deux francs cinquante centimes ; cette
production serait, bien entendu, toujours au détriment du propriétaire.

—

Je crois utile d'indiquer certains noms de
matériaux , servant au système d'abus, dont les
noms sont désignés d'une manière inintelligible
pour tout le monde, j'en excepte l'entrepreneur
et l'ouvrier qui les emploie.

Voir comme il suit :
Tuile ou ardoise *belle.*
Tuile *belle de tête.*
Tuile ou ardoise en *retourne.*
Tuile ou ardoise *mannon.*

Dans mon prochain ouvrage, je dirai toute

la signification des noms de chaque matériaux, leur spécialité, la place qu'ils occupent
sur la surface des combles, leur valeur réelle.

—

Il y aurait une réflexion grave et pénible à
faire, après ce rapide exposé de fraudes conti-
nues et audacieuses des maîtres-couvreurs, —
entrepreneurs, — c'est la *complicité* de l'ouvrier.

Mais, pour l'atténuation des torts de celui-
ci, il y a à considérer la déplorable condition
qui lui est faite, par ceux qui devraient avoir
charge de le moraliser !

Il y a peu de maîtres qui ne soient sortis du
rang des manœuvres ; l'éducation du *maître*
s'est faite sous l'influence des fraudes commises
avec son assistance, par celui qui le faisait travailler : ainsi se perpétue dans une corporation
l'improbité, arrivée à l'état vraiment chronique !
et comme la marche sociale actuelle tend à

réaliser *rapidement* d'énormes bénéfices, les moyens de fraudes, qui, dans un autre temps auraient été mesurés sur une sorte de convenance et d'équité, pasent aujourd'hui toutes les bornes, et se développent avec une incroyable hardiesse !

Si dans sa loyauté native, l'ouvrier refusait son concours aux vols effrontés que le maître couvreur, par exemple, *exige* de son dévouement, il serait bientôt répudié, signalé, et réduit à l'impuissance de trouver ou exercer sa profession. Ainsi, serait perdu le fruit de ses premiers dangers, de son pénible apprentissage !

Sans doute, la saine morale prescrit l'abnégation de soi-même plutôt que l'oubli de la probité ; mais il faut supposer alors chez le jeune ouvrier une force d'esprit, une faculté d'appliquer courageusement les vrais principes, — qu'il ne peut avoir reçus au milieu des premiers hasards de sa destinée ouvrière. Ne doit-on pas reconnaître la perversité communicative de cet

enseignement qui se traduit ainsi : « Pourquoi
» donc voulez-vous faire autrement que les
» autres ? Vos camarades et nous-mêmes ,
» n'avons-nous pas tous passés par-là ?... Ces
» fraudes sont passées en usage !.. vous y
» refusez-vous ? Alors, retirez-vous ; vivez d'un
» autre état, vous êtes au ban de notre profes-
» sion ! »

Voilà ce qui explique le concours de l'ouvrier
aux fraudes de l'entrepreneur.

Ce premier travail , cette brochure, préli-
minaire d'un travail beaucoup plus important,
n'a pour but que d'attirer tout d'abord l'atten-
tion de l'opinion publique , du gouvernement
et des propriétaires, sur des fraudeurs presque
inconnus, toujours impunis.

Mon intention , au moment où toutes les
questions de dôles. de fraudes se soulèvent ,
est de mettre complètement à jour l'existence
industrielle des entrepreneurs en couverture ;
d'expliquer nettement les moyens qui firent

la rapide fortune de la plupart d'entre eux, et de faire connaître tous les éléments qui composent la chambre syndicale de cette profession.

Trop souvent les chambres syndicales n'ont été qu'un audacieux compérage ; qu'une facilité d'impunité , que les riches d'une corporation se garantissaient mutuellement.

Si obscur que soit le point d'où jaillit l'étincelle de la vérité , du moment où elle brille , elle monte et domine ceux sur qui elle porte sa redoutable lumière : j'ai voulu dire la vérité , et je ne suis *qu'un ouvrier,* — mais ma conscience m'assure que mon courage rendra service : cela me suffit.

Paris, impr. de E. Marc-Aurel, rue Richer, 12.